Lichterglanz
IM HERZEN

Kerzenschein und Honigduft
erfüllen den Raum und du weißt:

Die Weihnachtszeit ist da!

Es erwarten dich Vorfreude, Genussmomente,
Besinnung und Gemütlichkeit. Ich wünsche dir,
dass du jede Minute auskostest und es dir
richtig gut gehen lässt.

Eine Stimmung einfangen,
genießen und festhalten –
welch ein Geschenk.

Katharina Eisenlöffel

Strahlende Kinderaugen
sind die Glücksmomente
jedes Weihnachtsfestes.

Angelika Emmert

Gerade in der Adventszeit kann man sie finden:

Kleine Augenblicke angefüllt mit Freude,

die unser Herz leuchten lassen.

Mit lieben Menschen zusammen sein,
ein Wiedersehen mit alten Freunden und
herzliche Begegnungen
machen den Advent aus.

Jeder Mensch
ist anders gestrickt
und doch führen uns die Fäden
an Weihnachten immer
wieder zusammen.

Elfriede Engel

Der Schnee ist weiß,
wo nicht Menschen sind.
Der Schnee ist weiß
für jedes Kind.

Joachim Ringelnatz

Wie zauberhaft wäre
weiße Weihnachten!
Auch ohne Schnee lässt sich
die klirrend-kalte Jahreszeit genießen –
im Wintermantel eingekuschelt
beim Spaziergang.

Das schönste Geschenk:

VON HERZEN

das Beste wünschen.

Johanna Rückert

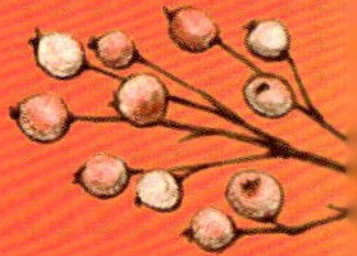

Geschenke gehören
zur Weihnachtszeit einfach dazu.
Doch es muss nicht immer etwas Großes
oder Ausgefallenes sein. Wenn es
von Herzen kommt, wird es

PURE FREUDE

bereiten.

Im Einklang mit der Seele wird Weihnachten wirklich zum Fest.

Friederike Weichselbaumer

In einer kleinen Pause
von den üblichen Adventsaktivitäten
kannst du zur Ruhe kommen und den
weihnachtlichen Frieden
in dir selbst erspüren.

*Nun zündet an
der Liebe Kerzen, dass
Weihnacht wird
in euren Herzen.*

Christin Astra

Der Glanz
flackernden Kerzenscheins
versetzt uns in
besinnliche Stimmung.
Genieße ein paar Momente
voll himmlischer Ruhe bei Kerzenlicht.

Weihnachtsfreude
ist Freude über
den Frieden,
der hier seinen Anfang
genommen hat.

Friedrich von Bodelschwingh

Weihnachten ist das

Fest der Liebe

und des Friedens. Vielleicht kannst du dich davon inspirieren lassen und versöhnlich mit den Menschen um dich herum umgehen.

*Weihnachten –
das sind Festtage, die mir
in freundlichem Schimmer
lange entgegenleuchten.*

E. T. A. Hoffmann

Lässt dich die Vorfreude auf das Weihnachtsfest auch ganz kribbelig werden? Gerade im Advent können wir deutlich spüren, was es heißt, einem Ereignis freudig entgegenzublicken. Was für ein

SCHÖNES GEFÜHL!

Das Licht, das wir

ANDEREN GEBEN,

erhellt auch uns selbst.

Yvonne Mölleken

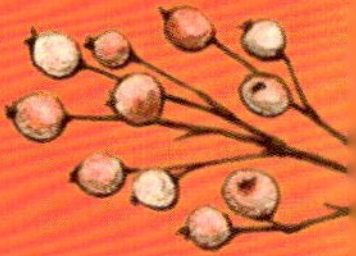

Zu Weihnachten können wir die

Botschaft der Nächstenliebe

leben und verbreiten, indem wir
Anderen etwas Gutes tun.
Schon kleine Gesten der Hilfe bringen
mehr Licht und Liebe in die Welt.

Ein frommer Zauber
hält mich wieder anbetend,
staunend muss ich stehn;
es sinkt auf meine Augenlider
ein goldner Kindertraum hernieder,
ich fühl's, ein Wunder ist geschehn.

Theodor Storm

Die Weihnachtszeit

ist magisch! Es ist die Zeit des Jahres,
in der wir wieder an Wunder glauben.
Alle möglichen guten Dinge könnten geschehen!
Welches Wunder wünscht du dir?

Besuchst du über die Festtage
das Zuhause deiner Kindheit?
Ein Zuhause ist nicht immer ein Ort, es kann auch

eine Erinnerung sein

an besonders schöne Momente oder an liebe Menschen.
Weihnachten ist eine wunderbare Gelegenheit,
in Gedanken – oder ganz real –
dorthin zurückzukehren.

Zu Hause ist man da,
wohin man immer wieder gerne
zurückkehren möchte. Und sei es
auch nur für eine kurze, aber
sehr, sehr schöne Zeit:
die Weihnachtszeit.

Irmgard Erath

Weihnachten gibt
unserem Leben Licht.

Elfriede Engel

Geschenkestress, Verwandtenbesuche und zu viel Essen – die Adventszeit kann ganz schön anstrengend sein! Aber sie ist ein

einzigartiges Highlight

in der dunklen Jahreszeit. Wie wäre es wohl, wenn es Weihnachten nicht gäbe? Vielleicht gelingt es dir, dich auf die schönen Seiten zu konzentrieren: Vorfreude aufs Schenken, Wiedersehen mit lieben Menschen und leckere Gaumenschmäuse.

Nimm dir einfach mal die Zeit, um einen ausgedehnten winterlichen Spaziergang zu machen. Wandere durch den Wald und

genieße die Ruhe

um dich herum. Wer weiß, vielleicht begegnest du einem Weihnachtswunder?!

Aus silbergrauen Gründen
tritt ein schlankes Reh im winterlichen Wald
und prüft vorsichtig Schritt für Schritt,
den reinen, kühlen, frisch gefallenen Schnee.

Christian Morgenstern

Die Adventszeit steckt voller

KREATIVER INSPIRATION:

Ob basteln, stricken oder zeichnen –
was möchtest du selbst mit
deinen Händen erschaffen?

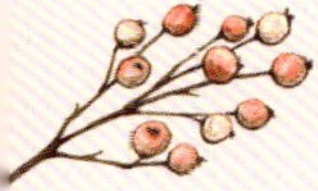

Freude zu machen,
bedarf der Kreativität
des Herzens.

Friederike Weichselbaumer

Wir brauchen nur
das einfache, unverbogene
Herz eines Kindes,
damit es in uns
Weihnachten werde.

Friedrich Wetter

Ist es nicht herrlich, wie unvoreingenommen Kinder der Magie von Weihnachten entgegengehen? Lass dich anstecken und schwelge im

Zauber der Adventszeit.

Plätzchen
sind süße Botschafter
der Weihnachtszeit.

Angelika Emmert

Weihnachten ist einfach lecker:
Wie das feine Gebäck auf der Zunge zergeht;
himmlisch die Süße von Marmelade und
die wohlige Wärme der Schokolade!
Jedes Plätzchen ist ein
Weihnachtswunder für sich.

Hol dir im Advent
den Duft der Natur
ins Haus und schmücke es
mit frischen Tannenzweigen. Dekoriert mit
hübschen Kugeln und Sternen
sorgen sie für festlichen Glanz.

Liebeläutend
zieht durch Kerzenhelle,
mild, wie Wälderduft,
die Weihnachtszeit.

Joachim Ringelnatz

MUSIK BERÜHRT DAS HERZ IMMER,

aber ganz besonders in der Weihnachtszeit.
Lass dich vom Klang der Weihnachtslieder bezaubern.

Schläft ein Lied in allen Dingen,
die da träumen fort und fort,
und die Welt hebt an zu singen,
triffst du nur das Zauberwort.

Joseph von Eichendorff

Die Nacht
vor dem heiligen Abend,
da liegen die Kinder im Traum.
Sie träumen von schönen Sachen
und von dem Weihnachtsbaum.

Robert Reinick

Die Weihnachtszeit ist eine

magische Zeit,

in der Wünsche und Träume wahr werden können.
Wovon hast du schon immer geträumt?

Ruhig sein, nicht
ärgern, nicht kränken, ist das
allerbeste Schenken;
Aber mit diesem Pfefferkuchen
Will ich es noch mal versuchen.

Theodor Fontane

Oft grübelt und sucht man lange,
um das perfekte Geschenk zu finden.
Doch die schönsten Geschenke
kommen von Herzen!
Warum also nicht mal
etwas Einfaches selbst machen?

Das wohlige Gefühl

von Weihnachten kann dich auch
nach den Feiertagen begleiten und dir
eine Portion Geborgenheit schenken,
wann immer du sie brauchst.

Ich werde Weihnachten in meinem Herzen ehren und versuchen, es das ganze Jahr hindurch aufzuheben.

Charles Dickens

In der Geborgenheit der Familie
Weihnachten zu feiern, ist in der heutigen Zeit
das wohl Schönste aller Geschenke.

Roswitha Bloch

Wie schön ist es, die Menschen
um sich zu haben, die einem

DAS LIEBSTE SIND
AUF DER WELT!

Koste die Zeit zuhause im Kreis
der Familie aus und freue dich daran,
dass ihr alle zusammen seid.

Ist es nicht schön,
dass auch Erwachsene
zu Weihnachten wieder
Kinder sein dürfen?

Lucy Maud Montgomery

War das als Kind nicht ein

herrliches Gefühl,

gleich nach dem Auspacken die

neuen Spielsachen auszuprobieren?

Lass dich immer wieder von

dieser kindlichen Freude anstecken.

Liebe Weihnachtsgrüße...
Woher sie auch kommen,
wohin sie auch gehen, sie gelangen
immer an ihr Ziel. Denn sie
gehen den schönsten Weg:
den Weg von Herz zu Herz.

Irmgard Erath

Auch wenn liebe Menschen weit weg wohnen, lass sie wissen, dass du an sie denkst und *im Herzen bei ihnen bist.* Verbundenheit kann auch über weite Entfernungen hinweg gefühlt werden.

Textnachweis: Wir danken allen Autoren bzw. deren Erben, die uns freundlicherweise die Erlaubnis zum Abdruck von Texten erteilt haben.

Bildnachweis: TL Design/creativemarket.com

Cover und Layout: Petra Schmidt Grafik Design

Gesamtherstellung: Printfactory, Istanbul

Aus Verantwortung für die Umwelt hat sich die Verlagsgruppe Droemer Knaur zu einer nachhaltigen Buchproduktion verpflichtet. Der bewusste Umgang mit unseren Ressourcen, der Schutz unseres Klimas und der Natur gehören zu unseren obersten Unternehmenszielen.

Gemeinsam mit unseren Partnern und Lieferanten setzen wir uns für eine klimaneutrale Buchproduktion ein, die den Erwerb von Klimazertifikaten zur Kompensation des CO_2-Ausstoßes einschließt.

Weitere Informationen finden Sie unter:
www.klimaneutralerverlag.de

Lichterglanz im Herzen
GTIN 978-3-8485-0177-9

www.geschenkverlage.de

MIX
Papier aus verantwortungsvollen Quellen
FSC
www.fsc.org
FSC® C130076

1 2 3 4 5